BEI GRIN MACHT SICH IHR WISSEN BEZAHLT

- Wir veröffentlichen Ihre Hausarbeit,
  Bachelor- und Masterarbeit

- Ihr eigenes eBook und Buch -
  weltweit in allen wichtigen Shops

- Verdienen Sie an jedem Verkauf

Jetzt bei www.GRIN.com hochladen
und kostenlos publizieren

Bibliografische Information der Deutschen Nationalbibliothek:

Die Deutsche Bibliothek verzeichnet diese Publikation in der Deutschen National-
bibliografie; detaillierte bibliografische Daten sind im Internet über http://dnb.d-
nb.de/ abrufbar.

Dieses Werk sowie alle darin enthaltenen einzelnen Beiträge und Abbildungen
sind urheberrechtlich geschützt. Jede Verwertung, die nicht ausdrücklich vom
Urheberrechtsschutz zugelassen ist, bedarf der vorherigen Zustimmung des Verla-
ges. Das gilt insbesondere für Vervielfältigungen, Bearbeitungen, Übersetzungen,
Mikroverfilmungen, Auswertungen durch Datenbanken und für die Einspeicherung
und Verarbeitung in elektronische Systeme. Alle Rechte, auch die des auszugsweisen
Nachdrucks, der fotomechanischen Wiedergabe (einschließlich Mikrokopie) sowie
der Auswertung durch Datenbanken oder ähnliche Einrichtungen, vorbehalten.

Impressum:

Copyright © 2008 GRIN Verlag, Open Publishing GmbH
Druck und Bindung: Books on Demand GmbH, Norderstedt Germany
ISBN: 978-3-640-41939-5

Dieses Buch bei GRIN:

http://www.grin.com/de/e-book/132042/arbeit-in-der-industriegesellschaft

Georg Hampicke

Arbeit in der Industriegesellschaft

GRIN Verlag

GRIN - Your knowledge has value

Der GRIN Verlag publiziert seit 1998 wissenschaftliche Arbeiten von Studenten, Hochschullehrern und anderen Akademikern als eBook und gedrucktes Buch. Die Verlagswebsite www.grin.com ist die ideale Plattform zur Veröffentlichung von Hausarbeiten, Abschlussarbeiten, wissenschaftlichen Aufsätzen, Dissertationen und Fachbüchern.

Besuchen Sie uns im Internet:

http://www.grin.com/

http://www.facebook.com/grincom

http://www.twitter.com/grin_com

Universität Koblenz – Landau, Campus Landau

Fachbereich 6: Kultur- und Sozialwissenschaften

Institut für Sozialwissenschaften (Abteilung Soziologie)

Arbeits- und Organisationssoziologie, Seminar

Wintersemester 2007/2008

Ausarbeitung zum Referat vom 11.12.2007

„Arbeit in der Industriegesellschaft"

Georg Hampicke

Diplom Sozialwissenschaften

3.Fachsemester

Abgabe: 10.03.2008

Gliederung

1. Einleitung

Diese Ausarbeitung befasst sich mit der Entwicklung der Industriearbeit. Dabei geht es um die Veränderungen der Gesellschaft und der Arbeit in Westeuropa und Nordamerika ab dem 19ten Jahrhundert bis heute. Die Industrialisierung, die in England begann und Europa erfasste, veränderte die Gesellschaft enorm. Städte mit Millionen Einwohner entstanden. Wo einst Wiesenlandschaften waren entstanden Fabrikkomplexe in bis dahin unbekannter Größe. Die Ständegesellschaft wurde durch das Entstehen der Arbeiterklasse langsam aufgelöst. Bauern gingen in die Städte in der Hoffnung auf Arbeit und ein besseres Leben. Aber die Arbeit war lang, hart, gefährlich und der Lohn reichte gerade für das Überleben. Die Regierungen sahen sich in dieser Anfangszeit nicht in der Lage den Unternehmen verbindliche Reglungen zum Arbeitsschutz oder Arbeitszeit abzuringen. Viele Unternehmensbesitzer hatten ihre eigenen Richter oder Sicherheitskräfte und herrschten wie früher die Feudalherren. In den Fabriken wurde eine bis dahin nicht bekannte Arbeitsteilung eingeführt, die Fließbandarbeit, oder auch, „Tayloristische Produktionsweise". Kinder mussten nun auch zum Lebenserwerb beitragen, vor allem in den Bergwerken oder Textilfabriken. Frauen wurden auch in den Textilfabriken, vor allem in England, eingesetzt. Durch die immer weiter sinkenden Löhne kam es zu Hungeraufständen, wie der Aufstand der schlesischen Weber. Die soziale Frag kam auf: Wie sollte dieser Massenarmut, dem Pauperismus, begegnet werden? Es gab viele freiwillige, kirchliche Hilfen, wie Kleiderspenden. Aber damit konnte den meisten nur etwas geholfen werden. Erst mit Aufkommen und den großen Einfluss der Kommunistischen Bewegung und der Gewerkschaften kam es zu Verbesserungen, wie Sozialgesetzen und Tarifpartnerschaften. Aber was waren die Gründe für die sozialen Veränderungen? Was veranlasste die Unternehmen auf die Arbeiter einzugehen? Ein Grund, für die sozialen Bewegungen waren die weitreichenden Ideen und Analysen über die Wirtschaft und Gesellschaft von Karl Marx. Aber da diese Ausarbeitung sich mit der Industriearbeit beschäftigt, kann hier nicht auf die gesellschaftspolitischen Aussagen von Karl Marx eingegangen werden. Ebenso können die Analysen nicht vollständig und nur verkürzt wiedergegeben werden. Aber warum sind Marx Ideen so gescheitert, wo ist, wenn vorhanden, sein Denkfehler? Darauf gibt die Theorie funktionaler Differenzierung eine Antwort. Auch hier gilt, die Theorien können nur grob dargestellt werden.

2. Theorien über die Arbeit in der Industriegesellschaft

2.1. Karl Marx und die Industriearbeit

Wie in der Einleitung schon geschrieben, konzentriert sich die Abhandlung über die Ideen von Marx auf die Veränderung der Industriearbeit, wie in seinem Werk „Das Kapital" beschrieben und ergänzt durch die Erläuterungen von Friedrich Engels in den „Grundzügen des Kommunismus", zu den Veränderungen in der Wirtschaft und Gesellschaft. Um den Rahmen dieser Ausarbeitung nicht zu sprengen, wird sich diese Arbeit nur mit einigen wenigen, aber zentralen, Aspekten beschäftigen.

Als ersten Aspekt wird die Veränderung in der Geldzirkulation dargestellt. Bis zur Industrialisierung war das Geld nur ein Medium zum Warentausch, W – G – W. (W- Ware, G- Geld).

Das heißt, Geld konnte nur zum Tauschhandel eingesetzt werden, z.B. Felle gegen Essen. Der Tauschwert der Waren blieb dabei gleich, das heißt man bekam so viel Essen, wie das Fell wert ist. Marx unterschied hier in Gebrauchswert und Tauschwert. Jemand konnte sein Fell gebrauchen oder auch auf dem Markt gegen Waren tauschen. Aber der Endzweck dieser Zirkulation ist der Gebrauchswert. Denn der Verkauf des Felles dient zum Kauf von Essen, also dem Konsum und der Bedürfnisbefriedigung.

Jetzt, im Kapitalismus, war die Ware das Medium und das Geld wurde eingetauscht: G – W – G. Das heißt, Geld wurde benutzt um Waren einzukaufen, z.B. Baumwolle für 100€, und diese Baumwolle wurde dann für 110€ verkauft. Die 10€, die nun „mehr" sind, bezeichnet Marx als „Kapital". Dieses Kapital entsteht durch Verarbeitung und Verkauf der Waren.

"Mit Geld kauft man Waren, und mit Waren kauft man Geld." (Mercier de la Riviè,"L'ordre naturel et essentiel des sociétés politiques", p.543.) (In: Marx, (1867), S. 95)

Was nun also hinzukommt ist, dass der Tauschwert Bedeutung hat. Denn der Unternehmer „tauscht" die Waren gegen Geld. Und der Gebrauchswert findet hier nicht statt. Der Unterschied zur Zirkulation W – G – W, liegt auch in der quantitativen Menge. Denn bei der Warenzirkulation wurde nur die Ware getauscht mit einer anderen, die ein Äquivalent, ein gleichwertiges, war. Aber beim Tausch mit dem Geld wird jetzt mehr Geld eingenommen als ausgegeben, 110€ eingenommen und 100€ ausgegeben. Und dieses Kapital, wird dann erneut in den Kreislauf eingesetzt, also vermehrt. Dieser Kreislauf ist auch die Veränderung der Arbeitswelt wichtig, worauf später noch eingegangen wird.

Ein zweiter Aspekt der sich nach Marx ausgeprägt hat, war das Entstehen des Mehrwertes und der Mehrarbeit. Der Mehrwert entsteht, allgemein gesagt, aus der Mehrarbeit und Trennung zwischen notwendiger Arbeit des Arbeiters und Mehrarbeit. War es im Mittelalter noch so, dass ein Bauer zwei Felder hatte die er bestellte, eins für sich, eins für den Feudalherrn, konnte er seine Arbeit, vor allem räumlich, trennen. Er wusste wann er für sich, und wann für den Feudalherrn arbeitete. In der Fabrik war dies nun anders und die Trennung verschwand. Mit einem Beispiel kann dies erläutert werden. Nehmen wir an, ein Arbeiter benötigt 1200€ im Monat um sich und seine Familie zu ernähren. Ein Unternehmer stellt den Arbeiter für 1200€ in Monat ein. Der Unternehmer lässt den Arbeiter nun für 1200€ Waren erstellen. Dafür benötigt der Arbeiter, sagen wir, 3 Wochen. Diese drei Wochen nennt Marx, notwendige Arbeit. Die vierte Woche, produziert er Waren im Wert von 400€ für die er kein Geld bekommt, weil er ja für den Monat arbeitet. Also produziert er in diesem Monat Waren im Wert von 1600€. Die Differenz, 400€ bildet den Mehrwert für den Unternehmer. Der Mehrwert entsteht also durch die Arbeit des Arbeiters, für die er nicht bezahlt wird, da er ja pro Monat bezahlt wird und nicht pro Wertschöpfung. Der Arbeiter erarbeitet damit 400€ für den Unternehmer. Der Mehrwert wird auf den Warenwert gerechnet. Denn der Preis der Ware, bis zur Einführung des Mehrwertes, setzt sich aus dem konstanten und variablen Kosten zusammen: $C = k + v$ (C-Kapital, k-konstantes Kapital (Beschaffungskosten), v-variables Kapital (Löhne)). Durch den Mehrwert entsteht nun eine neue Rechnung: $C´ = k + v + m$ (m-Mehrwert). Um den Mehrwert zu steigern, kann der Unternehmer die Arbeitszeit verlängern, oder die Löhne senken, damit senkt er das variable Kapital und kann gleichzeitig den Mehrwert erhöhen. (vlg. Marx, Karl (1867), S. 137. – 155)

Als dritten Aspekt wird hier jetzt die Entfremdung kurz vorgestellt, da dies auch ein zentraler Aspekt ist. Die Entfremdung entsteht aus der Arbeitsteilung. Durch die Arbeitsteilung kann der Arbeiter nicht mehr nachvollziehen, was er nun eigentlich für ein Produkt herstellt. Denn der Arbeiter führt nur noch einen Arbeitsschritt aus, den er dafür auch gut beherrscht. Diese Arbeitsweise ist auch ein Bruch mit der früheren Produktionsweise, da der Handwerker oder Geselle das Produkt von Anfang bis Ende produzierte, er konnte sich also mit dem Produkt identifizieren. Durch die Arbeitsteilung ist dies nun nicht mehr möglich und der Arbeiter verliert den Sinn in der Arbeit und seines Schaffens. Die Entfremdung und ihre Folgen spielen in den politischen Auswirkungen der Industriearbeit bei Marx und Engels eine große Rolle, auf die hier nicht weiter eingegangen werden kann.

Als letzten Aspekt wird in dieser Ausarbeitung die veränderte Rolle des Arbeiters und Kapitalisten kurz erläutert. War es in der Feudalzeit noch so, dass es feste Stände gegeben hat und in den Städten Gilden und Zünfte, so entsteht in der Industrialisierung nun ein neuer Typus, der Industriearbeiter, oder bei Marx, der Proletarier. Aber was ist das Proletariat? Hierauf hat Engels eine Antwort: „Das Proletariat ist diejenige Klasse der Gesellschaft, welche ihren Lebensunterhalt einzig und allein aus dem Verkauf ihrer Arbeitskraft und nicht aus dem Profit irgendeines Kapitals zieht, deren Wohl und Wehe, deren Leben und Tod, deren ganze Existenz von der Nachfrage nach Arbeit, also von dem Wechsel der guten und schlechten Geschäftszeiten, von den Schwankungen einer zügellosen Konkurrenz abhängt. Das Proletariat oder die Klasse der Proletarier ist, mit einem Worte, die arbeitende Klasse des neunzehnten Jahrhunderts" (Engels, Friedrich (1847), Grundsätze des Kommunismus). Der Kapitalist, oder bei Marx, der Bourgeois besteht aber schon länger, in Form der Manufakturbesitzer oder Händler. Und damit bestanden keine Stände mehr, sondern Klassen. Die Klassenzugehörigkeit wurde durch die Stellung im Wirtschaftsprozess festgelegt, das heißt, wer im Besitz der Produktionsmittel war (Geld, Boden, Maschinen) war ein Kapitalist und wer nur über seine Arbeitskraft verfügte war ein Proletarier. Was nun auch neu dazu kommt, ist die "doppelte Freiheit" der Arbeiter. Das bedeutet, dass die Arbeiter in der Lage sind, sich frei von Feudalzwängen selbst eine Arbeit zu suchen und anzunehmen und über ihre Arbeitskraft frei verfügen können. Die Arbeitskraft ist in der Industrialisierung nur noch eine Ware, wie jede andere und wird zwischen dem Arbeiter und Kapitalisten getauscht. Dabei spielt vor allem für den

Kapitalisten der Tausch und Gebrauchswert der Arbeit eine große Rolle. Ob er einen Arbeiter 12, 16 oder auch 18 Stunden arbeiten lassen kann, oder ob eher Kinder in Bergwerken eingesetzt werden und vor allem, ob der Arbeiter, sei es Mann, Frau, Kind, ihm einen Mehrwert schafft. Der Kapitalist „kauft" diese Arbeitskraft nun für einen bestimmten Zeitraum, eine Woche, einen Tag oder einen Monat. Hier ist auch wieder der Warenkreislauf erkennbar, W – G – W (Arbeitskraft gegen Lohn gegen Essen, Wohnung, Kleidung) und auf Seiten des Unternehmers, der Kapitalkreislauf G – W – G (Lohn gegen Arbeitskraft gegen Erlöse aus der Produktion). Und es ist damit nicht mehr wie früher, wo ein Bauer sein ganzes Leben auf einem Bauerhof gearbeitet hat oder ein Geselle in einer Werkstatt. Und das hat zur Folge, dass sich der Arbeiter immer wieder neu verkaufen muss und steht aber dabei in Konkurrenz mit den anderen Arbeitern und vor allem mit den Arbeitslosen. Denn durch das „Lumpenproletariat", die kein Geld bei Arbeitslosigkeit bekamen, kann der Kapitalist die Löhne senken und Arbeit verlängern. Für den Bourgeois dient das Heer der Arbeitslosen, meist Bauern und Gesellen, zur Disziplinierung seiner Arbeiter. Denn er kann jeden Arbeiter durch einen anderen ersetzen. Und damit wird auch die soziale Lage weiter verschärft. Denn die Arbeiter hatten ja keine Möglichkeit mehr, für sich zu arbeiten und ein Feld zu bestellen. Daher waren sie von der Arbeit, für ihr Überleben, abhängig. (vgl. Engels, Friedrich (1847), Grundsätze des Kommunismus)

Natürlich kann diese Ausarbeitung nicht alle Aspekte abdecken, doch sollen mit diesen vier Aspekten die wichtigsten Veränderungen dargestellt sein. Insbesondere der gesellschaftliche Aufbau ist hier nicht erwähnt, weil die Ausführungen den Rahmen sprengen würden. Der weitere Verlauf der marxistischen und kommunistischen Ideen ist ja historisch verfolgbar gewesen. Eine Revolution der Arbeiter und deren Selbstbefreiung hat es nicht gegeben, dafür aber Sozialgesetze, Gewerkschaften und Arbeitsschutzgesetze, nach Marx nur Ideologie um vom eigentlichen Problem und den Klassenunterschieden abzulenken. (vgl. Karl Marx / Friedrich Engels: Die deutsche Ideologie,S.46 ff, in: Karl Marx / Friedrich Engels: Werke, Bd. 3, Berlin 1969.) Die zweite Theorie, welche in dieser Ausarbeitung vorgestellt wird, gibt eine Antwort auf das Scheitern dieser Staaten und auch eine eigenständige Interpretation der Industriearbeit.

2.2. Theorie funktionaler Differenzierung

Die Vertreter der Theorie funktionaler Differenzierung sind neben Niklas Luhmann, mit seiner Systemtheorie, Max Weber, mit seiner Idee der „Wertsphären" in der Gesellschaft, und Emile Durkheim, mit seiner Idee der „organischen Solidarität". Die Grundannahme ihrer Theorie bildet die Arbeitsteilung in den Betrieben und die Übernahme dieser Arbeitsteilung auf die Gesellschaft. Auch wie bei Marx kann hier nur auf einige wenige Aspekte eingegangen werden.

Der wichtigste Aspekt ist die Ausdifferenzierung der Gesellschaft, „funktionale Entlastung" und die legitime Indifferenz. Die Gesellschaft gliedert sich nun, nach der Systemtheorie von Niklas Luhmann, in 4 Teilbereiche, Wirtschaft, Recht, Politik und Wissenschaft. Jeder Bereich hat seine eigenen Ziele und ist autonom vom anderen Teilbereich und bracht auch keine Rücksicht auf dessen Ziele und Bedürfnisse nehmen, das meint die legitime Indifferenz. Z.B. braucht die Wirtschaft keine Rücksicht nehmen auf die Bedürfnisse ihrer Arbeiter und die fehlenden sozialen Kontakte bei Überstunden oder harter Arbeit oder niedrigeren Löhnen. Dieser Vorgang wird in der Theorie als „funktionale Entlastung" beschrieben. Damit kann es natürlich auch zu Konflikten zwischen diesen Teilbereichen kommen. So kann das Recht Gesetze erlassen, die der Wirtschaft nicht gefallen (z.B. Arbeitszeitbegrenzungen, Kinderarbeitverbote und sonstige). Oder die Politik fordert besseres Engagement von der Wirtschaft am Abbau der Massenarmut. Die Wirtschaft kann sich darauf einlassen, oder aber dies einfach ignorieren. Gleichzeitig kann die Wirtschaft niedrigere Steuern verlangen oder lockeren Kündigungsschutz der Arbeitnehmer. Damit zeigt sich auch, dass jeder Teilbereich Tatsachen anders interpretiert. So kann es für die Wirtschaft Massenarmut absichtlich erzeugen, um ihre Macht besser auszuüben auf ihre Arbeiter und die Politik kann dies als unhaltbare Zustände ansehen und das Recht kann diese Vorgänge als „normal" ansehen. Aber trotzdem ist es so, dass meist ein Teilbereich einen größeren Einfluss hat als ein anderer, aber dies ist immer unterschiedlich. Es hat hier etwa evolutionären Charakter, da sich der stärkste Teilbereich durchsetzt. Aber trotzdem kann kein Teilbereich den anderen bestimmen, so kann die Politik der Wissenschaft nicht vorschreiben was diese zu forschen oder entwickeln hat. Oder wenn die Politik bestimmt was in den Fabriken produziert werden soll, wie in Diktaturen. Die

Folge ist dann, dass kein Teilbereich seine volle Wirkung und Dynamik entfalten kann. Die Folge kann, wie historisch geschehen, der Untergang von Staaten sein. Damit gibt die Theorie funktionaler Differenzierung auch die Antwort auf das Scheitern der RGW-Staaten (Rat für gegenseitige Wirtschaftshilfe). Denn kein Teilsystem ist alleine in der Lage die gesellschaftlichen Probleme zu lösen, sei es Arbeitslosigkeit, Wirtschaftskrisen oder Forschungen. Damit kann eine volle Entfaltung und Nutzung der verfügbaren Ressourcen, nach der Theorie funktionaler Differenzierung, nur durch eine Autonomie geschehen.

Ein weiterer Aspekt ist die Exklusion und Inklusion in die Teilsysteme. Wenn man, z.B. im Teilbereich Wirtschaft ist, ist das eine Inklusion. Und damit kann man aber auch gleich in den Bereich Recht und Politik eingeschlossen sein, eine Inklusionskette, weil man, z.B. einen Anwalt bezahlen kann oder einer Partei beitreten kann. Umgekehrt folgt bei Arbeitslosigkeit die Exklusion an dem Teilbereich, weil man ja arbeitslos ist. Und dann kann zu Folge haben, das wäre dann die Exklusionskette, wenn man, z.B., aus dem Bereich Recht und Wissenschaft auch ausgeschlossen wird, weil man diesmal eben keinen Anwalt mehr bezahlen kann und auch keine Forschungen oder Entwicklungen durchführen kann.

Ein weiterer Aspekt ist die Rolle des Geldes. Hatte das Geld bei Marx noch zwei Funktionen, einmal um damit Waren zu kaufen und einmal um damit Waren wieder in Geld zu verwandeln, so ist die Rolle des Geldes bei der Theorie funktionaler Differenzierung nicht ganz so komplex. Hier dient das Geld nur der Bedürfnisbefriedigung. Und es spielt in den Teilsystemen keine Rolle so ausschlaggebende Rolle mehr, als noch, z.B. im Mittelalter. Nämlich als das Geld dazu benutzt wurde, um sich Ämter zu kaufen und damit die Politik bestimmen konnte oder auch um sich Seelenheil zu kaufen. Damit ist die Rolle des Geldes deutlich geschwächt, denn für die Universitäten kommt es nun nicht mehr darauf an, ob ein Student immer viel Geld zahlt, sondern das er Leistungen erbringt. Und damit kommt auch die Erwartungssicherheit in dieser Theorie durch. Z.B. beim Kauf eines neues Autos, dessen Preis reduziert wurde, kann der Kunde davon ausgehen, dass der Verkäufer trotzdem Gewinn machen will und den reduzierten Preis nicht vergibt weil er eine andere Gegenleistung, z.B. Besuch einer Kirche, verlangt. Oder ein Student weiß auch, dass er mit Geld sich keinen Abschluss kaufen kann. Oder ein Unternehmer nicht mit Geld

Politiker kaufen kann, die ihm öffentliche Aufträge erteilen. (vgl. Kühl, Stefan 2004: Arbeits- und Organisationssoziologie, Bielefeld, transcript Verlag, S. 5-53; Esser, Hartmut (2000): Soziologie – Spezielle Grundlagen. Band 2: die Konstruktion der Gesellschaft. S. 63-79)

Damit seien hier einige wichtige Aspekte über die Theorie funktionaler Differenzierung erläutert. Wie schon beschrieben gibt diese Theorie eine Erklärung für das Scheitern von Diktaturen, insbesondere der RGW – Staaten und damit auch das, vorläufige, Scheitern der Ideen von Marx und seiner überhöhten Macht der Wirtschaft über die Gesellschaft.

Im nächsten Kapitel soll nun dargestellt werden, wie die beiden Theorien, von Karl Marx und der Theorie funktionaler Differenzierung auf die praktische Industriearbeit ausgewirkt haben und welche Einflüsse dazu geführt haben, das wir in den Gesellschaften leben, in den wir heute leben und warum sich die Arbeit so verändert hat, wie sie sich verändert hat.

3. Die Arbeit in der Industriegesellschaft am Beispiel des Fordismus

Der Fordismus sei hier nicht als eine eigenständige Theorie zur Industriearbeit erwähnt, sondern wird hier dargestellt aufgrund der Praxisnähe. Neben der praktischen Bedeutung in der Industriearbeit, kann man den Fordismus daher erwähnen, weil die Einflüsse durch den Marxismus und des Klassenkampfes, vorläufig, zurückgedrängt wurden, vor allem in Westeuropa und Nordamerika.

Im Gegensatz zu den beiden Theorien, die in Teil 2 genannt wurden, kann der Fordismus in 4 Phasen unterschieden werden. Jede Phase hat ihren eigenen Schwerpunkt und ihre eigenen Folgen. Die Phasen sind nicht allgemein gültig, denn jedes Land hat ja auch individuelle Entwicklungen durchgemacht, aber trotzdem blieb die Gesamttendenz bestehen. Treibende Kräfte die den Fordismus gekennzeichnet haben, waren die soziale Frage und die von der Wirtschaft gewollte Deregulierung des Marktes, erst national und später international. Die Einteilung in Phasen ist auch deshalb wichtig und auch sinnvoll, weil damit zum Ausdruck kommt, wie sehr sich die Wirtschaft nach den neuen gesellschaftlichen Verhältnissen richtig. Damit kann eine Erklärung gegeben werden, warum es nicht, wie Marx gehofft hatte, zu einer Abschaffung des Kapitalismus kam, sondern nur zu einer abgeschwächten Form, dem

Sozialstaat. Und auch zu dessen langsamen Aufweichung. Damit zeigt der Fordismus in diesen vier Phasen die Entwicklung der Wirtschaft und deren Veränderungen auf die Gesellschaft und die Einflüsse der Gesellschaft auf die Wirtschaft. Im Folgenden werden die vier Phasen näher erläutert.

Phase Eins, auch Phase der extensiven Akkumulationsstrategie genannt, fand im Zeitraum von ca. 1850 bis 1900, als ersten Teil der Industriellen Revolution, statt. Auch hier ist wieder zu sagen, dass bestimmte Staaten, z.B. England eher mit der ersten Phase begonnen haben oder die damaligen deutschen Staaten später. Kennzeichen dieser Phase waren der Einsatz von neuen Maschinen und der Bau großer Industriekomplexe. Die Einführung neuer Arbeitsmaterialien führte aber nicht zu einer neuen Produktionstechnik, wie später die Fließbandarbeit. Innerhalb der Gesellschaft gab es das Aufkommen der Arbeiterklasse und das starke Wachstum der Städte, bzw. das Entstehen neuer Städte und Gebiete. Damit sich die Kosten für die neuen Maschinen für den Unternehmer auch lohnten begann eine Phase der Lohnsenkungen der Arbeiter und Arbeitszeitverlängerungen. Erstmals kam es auch zur massenhaften Arbeit von Kindern, z.B. in Bergwerken oder auch Frauen, in Fabriken. Die Folge waren Massenarmut, hohe Sterblichkeit der Kinder und zahlreiche tödliche Arbeitsunfälle. Erst durch gesetzliche Reglungen konnten bestimmte „Auswüchse" des totalen Kapitalismus, z.B. Kinderschutzgesetze und 18 Stundentage etwas abgeschwächt werden, auch wenn nicht alle Schutzmaßnahmen einen sozialen Hintergrund hatten. Die meisten negativen Auswüchse blieben aber in der zweiten Phase bestehen. (vgl. Kühl, Stefan 2004: Arbeits- und Organisationssoziologie, Bielefeld, transcript Verlag, S. 42-46)

Phase Zwei, auch intensive Akkumulationsstrategie genannt, fand im Zeitraum 1900 bis 1929, dies war die zweite Industrielle Revolution, statt. Die zentrale Änderung zur Phase Eins fand in die Unternehmen statt. Massenproduktion wurde jetzt durch die Einführung der Fließbandarbeit ermöglicht. Im Gegensatz zur früheren Arbeit hatte nun jeder Arbeiter nur noch einen Arbeitsschritt durchzuführen und nahm damit nicht mehr am gesamten Produktionsprozess teil. Durch die Fließbandarbeit kam er zur „Entfremdung" des Arbeiters von der Arbeit, wie von Marx dargestellt. Die Folge war eine bis dahin nicht gekannte massenhafte Produktion und damit einhergehende Senkung der Preise, das führte zu Monopolen, Oligopolen und Konkursen von Unternehmen. Das Problem an der Massenproduktion und den zunehmenden Konkursen war, das ein Großteil der produzierten Waren nicht verkauft werden konnten, weil ein Großteil der Konsumenten, die Arbeiter, Arbeitslosen und Landbevölkerung, nicht genug Geld hatte um zu konsumieren. Die Folge kam während der Weltwirtschaftskrise besonders zum Vorschein und die meisten Staaten haben darauf reagiert mittels Sozialgesetzen, welche für die dritte Phase prägend waren. (vlg. Kühl, Stefan 2004: Arbeits- und Organisationssoziologie, Bielefeld, transcript Verlag, S. 46-48)

Phase Drei fand im Zeitraum von 1930 bis 1970 statt. Da es keine Änderungen beim Produktionsprozess gab und auch keine wesentliche Änderungen der Maschinen, kann in dieser Phase nicht von einer neuen Industriellen Revolution gesprochen werden. Prägend für diese Phase waren das Erstarken der Gewerkschaften und die Sozialgesetzgebung. Es ist hier aber noch zu erwähnen, das Deutschland in der Sozialgesetzgebung Vorreiter war in der westlichen Welt, durch die Sozialgesetze, aufgrund des Kampfes der Sozialdemokratie für bessere Bedingungen, in den Jahren 1883 bis 1889 durch den damaligen Reichskanzlers Bismarck.

Durch die Sozialpartnerschaft zwischen den Unternehmen und den Gewerkschaften kam es zu Lohnerhöhungen, Arbeitszeitbeschränkungen (z.B. 38 Stundenwoche bei vollem Lohnausgleich) und Sicherheitsstandards. Die Unternehmen erkannten in dieser Zeit auch ihre Verantwortung für die Gesellschaft und richteten ihre gesamten Wertschöpfungskette und Finanzen auf die heimische Wirtschaft aus, ebenso haben die Unternehmen sich auch finanziell um ihre Arbeiter gekümmert, z.B. Unternehmensrente. So entstand auch für die Mitarbeiter ein Firmenbewusstsein, Arbeitsplatzsicherheit und Identifizierung mit dem Unternehmen. Gesellschaftlich hatte dies viele positive Veränderungen gehabt. Die Kaufkraft stieg erheblich und damit kam es auch zum Massenkonsum, neben der Massenproduktion. Die sozialen Konflikte zwischen den Unternehmen und den Arbeitern und den Arbeitslosen wurden beigelegt, da auch die Arbeitslosen Unterstützung durch den Staat erhielten und Arbeitnehmer auch Abfindungen im Falle einer Entlassung. Durch Teilhabe der Arbeiter an den Unternehmen durch Aktienbeteiligungen konnten die Arbeiter auch direkt vom Gewinn des Unternehmens profitieren und hatten damit auch eine höhere Motivation. In dieser Phase gab es allgemeinen Wohlstand für einen Großteil der Bevölkerung (siehe: http://www.dhm.de/lemo/html/kaiserreich/innenpolitik/ sozialgesetze /index.html 1.1.08). Aber ab den 70er Jahren kam ein neuer Trend in den Unternehmen auf. Die Entdeckung der Weltwirtschaft – Globalisierung und die wachsende Bedeutung der Aktienmärkte.

Phase Vier kam ab 1970 auf und dauert bis heute, und auch zukünftig, an. Prägend war jetzt die Abkehr von der nationalen Wirtschaft zugunsten der weltweiten Produktion und damit der Kostensenkung und Erhöhung der Gewinne auf dem Aktienmarkt. Es gab damit eine Veränderung in der Wertschöpfungskette. Die Fabriken wurden in andere Länder ausgelagert, je nach günstigeren Bedingungen, wie Steuern, Löhne, Infrastruktur. Aber auch die Finanzmärkte haben sich verändert. Durch die steigende Bedeutung der Aktienmärkte kam es zur Entstehung von Fonds, die ihr Geld weltweit anlegten. Damit sollten die Gewinne gesteigert werden. Die zusätzlichen Gewinne nutzen die Firmen, oder Banken, um sich Anteile an anderen Firmen zu erwerben, die Folge waren Konzernverschmelzungen wie Daimler-Chrysler. Ein Großteil dieser Gewinne ergab sich aus Massenentlassungen der Arbeiter und der Einsatz von Automaten und Robotern, daher ist diese Phase auch als dritte Industrielle Revolution benannt. Um im Rennen des besten Industriestandortes mitzuhalten gab es nun auch zwischen den Staaten Konkurrenz um die niedrigsten Steuern, die beste Infrastruktur, abnehmende Arbeitnehmerrechte und größeres Mitspracherecht der Unternehmen bei neuen Gesetzen und Reformen, auch bekannt als Lobbyismus. (vgl. Kühl, Stefan 2004: Arbeits- und Organisationssoziologie, Bielefeld, transcript Verlag, S. 40-53) Aber auch für die Staaten wurde es wichtig, die neue Form der Finanztransfers in kontrollierbare Rahmen zu bringen. So wurde Gesetze erlassen, die den Internationalen Markt reguliert haben, um Bankenzusammenbrüche aufgrund von Fehlspekulationen zu verhindern, wie die Bankenkrise in Hongkong 1997 oder die derzeitige Krise wegen dem Immobilienmarkt in den USA (siehe Le Monde diplomatique, Heft 2, 2007, S. 40). Und diese Krisen haben dann nicht nur Auswirkungen auf das betreffende Land, sondern wegen der zunehmenden Verflechtung zwischen den Unternehmen und Banken auch weltweit, wie die derzeitige Krise in den USA erneut beweist. (vgl. http://www.zeit.de/

online/2007/12/Boers-o-Meter, 12.1.2008) Für die Unternehmen ist es jetzt auch besser möglich Verantwortung von sich zu weisen, bei schlechter Qualität oder Nichteinhaltung von Umweltbestimmungen. Denn die Unternehmen tendieren dazu ihre Produkte durch Subunternehmer erledigen zu lassen, auf welche die Unternehmen keinen Einflüsse auf interne Angelegenheiten haben, wie Löhne, Umweltbestimmungen und Sicherheitsstandards, offiziell. Die Folge davon ist, dass diese Subunternehmer Kinder arbeiten lassen oder Arbeiter wie Sklaven behandeln. Der Kunde ahnt oftmals nicht wie der Produkt hergestellt wurde, sondern er sieht, erstmal, nur den billigen Preis. (vlg. Servant, Jean-Christophe (2007): Sweatshops für Walmart. In: Le Monde diplomatique, Heft 2, 2007, S. 15) Ein gutes Beispiel dafür ist Walmart. Dieser Konzern ist der größte Handelskonzern der Welt und hat seinen Sitz in de USA. Die Produktion der Waren findet im Ausland durch Subunternehmen statt, wie China oder Indien. Durch die dort herrschenden Löhne und Zustände ist es Walmart möglich, ihre Produkte am billigsten anzubieten. Was für den Kunden durchaus positiv ist, aber mit jedem Kauf wird halt nicht die heimische Wirtschaft gestärkt, sondern nur der Gewinn des Konzerns und der Ausbeutung von Kindern weiter Vorschub geleistet. (vlg. Halimi, Serge (2007): Walmart ist billiger, aber um welchen Preis? In: Le Monde diplomatique, Heft 2, 2007, S. 10-14) Der weitere Trend der Globalisierung bleibt abzuwarten und der Platz dieser Arbeit würde nicht ausreichen um neuere Ansätze vorzustellen.

4. Zusammenfassung

Diese Ausarbeitung hat zwei sehr einflussreiche Theorien über die Industriearbeit vorgestellt, die Analysen von Marx über die Industriearbeit und die Theorie funktionaler Differenzierung. Der Kerngedanke bei Marx, das die Gesellschaft von der Wirtschaft bestimmt ist und damit eine kapitalistische Wirtschaft auch immer eine kapitalistische Gesellschaft hervorbringt wurde in der Theorie funktionaler Differenzierung abgelehnt und von dieser anders interpretiert. Als Überblick über die vorzufindenden Auswirkungen der Industrialisierung wurde der Fordismus vorstellt. Der Fordismus hat die verschiedenen Phasen aufgezeigt, welche die Industrialisierung hatte und welche Einflüsse auf die Wirtschaft gewirkt haben, wie Marx, die Gewerkschaften und die Ausdifferenzierung der Gesellschaft. Es wurde gezeigt, dass es eine Entwicklung in der Fabrikarbeit gab. Hatte Marx ganz zu Anfang der Industrialisierung großen Einfluss, durch seine Analysen und seine politischen Schriften, welche die Unternehmen unter Zugzwang gesetzt haben, hat die Theorie funktionaler Differenzierung die Arbeitsteilung der Fabriken auf die Gesellschaft übertragen und damit eine Erklärung für die Konflikte in der heutigen Gesellschaft gegeben. Aber auch die funktionale Differenzierung ist hier nur als Theorie zu verstehen, da ja durch den Lobbyismus viel Politiker durch die Wirtschaft bezahlt oder bestochen werden oder gar in den Aufsichtsgremien von Unternehmen arbeiten, von daher kann von einer klaren Trennung nicht die Rede sein. Es bleibt abzuwarten wie sich die Industriearbeit weiter verändert, zumal der Dienstleistungssektor immer mehr an Bedeutung zunimmt. Ebenso müssen die Konsequenzen durch die Globalisierung weiter beobachtet werden und die daraus entstehenden Chancen und Risiken, vor allem zu Lasten der Arbeiter und der Umwelt. Aber was nun in anderen Ländern passiert, ist fast dasselbe wie zu Zeiten der ersten Phase des Fordismus, nur das die globale Vernetzung ausgereift ist. Ebenso steigt in diesen Staaten die Bedeutung der sozialen Frage und die soziale Ungerechtigkeit. Der Ausgang dieses Prozesses bleibt abzuwarten und damit die weitere Veränderung der (Welt)Wirtschaft.

5. Literaturnachweise

Internet:

http://www.dhm.de/lemo/html/kaiserreich/innenpolitik/sozialgesetze /index.html
1.1.08

http://www.zeit.de/ online/2007/12/Boers-o-Meter, 12.1.2008

Zeitschriften / Bücher :

Engels, Friedrich, Grundsätze des Kommunismus, 1847

Esser, Hartmut (2000): Soziologie – Spezielle Grundlagen. Band 2: die Konstruktion der Gesellschaft. S. 63-79

Kühl, Stefan 2004: Arbeits- und Organisationssoziologie, Bielefeld, transcript Verlag, S. 5 - 53

Le Monde diplomatique, Heft 2, 2007

Marx, Karl und Engels, Friedrich, Das Kapital, 1867, London

Karl Marx / Friedrich Engels: Die deutsche Ideologie, in: Karl Marx / Friedrich Engels: Werke, Bd. 3, Berlin 1969.

BEI GRIN MACHT SICH IHR WISSEN BEZAHLT

- Wir veröffentlichen Ihre Hausarbeit,
  Bachelor- und Masterarbeit

- Ihr eigenes eBook und Buch -
  weltweit in allen wichtigen Shops

- Verdienen Sie an jedem Verkauf

Jetzt bei www.GRIN.com hochladen
und kostenlos publizieren